소리 · 스물둘

윤회고輪廻苦를 벗는 길
- 어느 49재 법문 -

말한이 활 성 | 엮은이 김용호

고요한소리

일러두기

* 이 책은 활성 스님께서 2004년 3월 13일 ○○○ 보살의 49재에 하신
  법문을 김용호 박사가 엮어 정리하였다.

차 례

1. 영가에게

경주 유인 박재순 보살, 우리에게는 인월심[1]으로 친숙한 보살님의 49재를 맞이하여 이 자리에 앉아 법문을 하려니 여러 가지 감회가 새롭습니다. 보살님이 이 법당에서 부처님께 경건하게 절을 올리고 여러 이야기도 나누던 것이 불과 일 년 전 일입니다. 그 모습을 회상하니 참으로 제행諸行이 이렇게도 무상하구나 하는 것을 절감하게 됩니다. 영가는 생전에 부처님 법을 열심히 공부하고 또 실천하려고 애썼지요. 그런 만큼 복력을 구족하여 노년에도 그다지 심각한 병고는 치르지

---

1 가명임.

않았고, 또 쓰러진 후에도 맑은 정신을 회복하여 제가 병상에 갔을 때 법에 관해 서로 진지하게 이야기 나눌 수 있었던 것을 다행스럽게 생각합니다. 영가를 천도 하느라 그동안 애쓰신 법사 스님의 원력에 도움도 받 아 이미 영가는 좋은 길에 들어섰으리라고 믿습니다. 삶과 죽음의 길이 서로 멀다면 참으로 멀고 가깝다면 대단히 가깝지요. 우리는 삶과 죽음이 한순간에 교차 하는 현장을 수시로 목격하면서 생生과 사死가 찰나지 간이라는 것을 체험으로 깊이 느끼게 됩니다.

영가는 이번 생을 충실히 살고 갔습니다. 자식을 낳 아 키우고 공부시키고 성가成家시키느라 애를 썼습니 다. 그걸 돌아보면 영가가 전생에 살았던 내용도 대강 짐작이 갑니다. 부처님이 '전생을 알려면 금생을 보고

내생을 알려면 금생에 살고 있는 모습을 보라.'[2]고 하셨습니다. 금생에 펼쳐지는 모든 우여곡절을 통해 전생이 어떠했겠구나, 대개 짐작이 가는 것입니다. 금생의 삶은 전생의 삶의 내용이 인因과 연緣으로 작용해서 파노라마처럼 펼쳐져 나온 것이니까요. 우리 인생에 벌어진 일들은 모두 스스로 지어서 스스로 받는 것입니다.

고인이 불교에 귀의해서 항상 '관세음보살' 염불을 했던 것은 대단히 좋은 인연 맺음이었습니다. 한편, 고인이 몸과 마음의 여러 고통과 미망, 병고의 시달림을

---

2 《장부》 II, 〈대반열반경Mahāparinibbāna sutta〉, PTS본, 91~92쪽. 《상응부》 V, 55: 8, 〈벽돌집 경Giñjakāvasatha sutta〉, PTS본, 356~357쪽. 부처님은 비구나 불자가 임종 후 어디에, 어떤 숙명을 타고 태어나는가에 대한 제자들의 질문을 받으시고는 금생에 지은 각자의 업에 따라 태어날 곳과 과보에 대해 설법하셨다.

겪은 것은 긴 과거생의 노정에서 지은 업의 특성을 보여주는 것이라고 받아들여야 합니다. 그런 점에서 듣기 좋은 이야기로 영가를 위로만 할 게 아니라, 영가를 위해서 간절하게 기원을 드려야 할 대목이 있는 것입니다.

영가여, 이미 몸은 여의었지만 그러나 생전과 다름없는 그 마음이기를 바라면서 몇 마디 미진한 이야기를 보탤까 합니다. 오늘 고인을 위해서 한 말씀 드리는 것이 여기에 모인 분들의 앞날을 위한 준비에도 다소나마 도움이 되기를 바랍니다.

법을 이해한다는 것이 누구에게나 미상불 어려운 일입니다. 지금 이 자리에서 제가 얼마나 법을 잘 설할 수 있을지 모르겠으나 나름대로 최선을 다 해 볼 테니 부디 잘 새겨들어서 다음 생 좋은 몸 받는 데 도움이 되길 바랍니다. 그래서 헤맴이 없고, 분명하고, 정리된 마음으로 다음 생을 받아서 향상의 도정을 나아가라는 말입니다.

2. 몸이라는 고苦

색신色身

영가는 죽음을 맞는 순간 금생의 육신을 벗어 버리고 명계冥界에 머물게 되면서, 이제는 몸을 지니고 있을 때 그처럼 지긋지긋하게 따라다니던 모든 고통이 기실은 그 육신 때문에 온 것이었다는 사실을 알아차렸을 겁니다. 그리고 '육신이 나의 본질이 아니다.' 하는 정도는 느꼈으리라 믿습니다.

육신, 즉 몸이란 무엇인가? 불교 용어로 풀자면 12

연기緣起[3]의 명색名色 중의 색色, 그리고 육근六根[4] 중의 신근身根을 우선 생각할 수 있습니다. 오늘 이야기는 아무래도 연기와 관계가 깊게 진행될 것 같으므로 명색의 색, 그리고 그 색의 현세적 표현인 색신色身으로 이해하기로 합시다. 여기서 색신은 색의 좀 더 구체적인 표현이 되겠습니다. 삶의 마지막으로 다가갈수록 여러 가지 업장이 요동치는 바람에 이 색신이 대단히 고통스럽고 불안정해져 그동안 명색으로 늘 함께 붙어 다니던 명名, 즉 명신名身도 불안에 빠지게 됩니다. 그러면 그 앞 고리의 식[識蘊] 또한 심한 고통을 겪습니다.

---

3 12연기緣起: 12연기는 부처님이 고苦가 일어나는 원인과 결과를 순서대로 밝히신 연기법의 표준 형식임. 12항목: 무명無明, 행行, 식識, 명색名色, 육처六處, 촉觸, 수受, 애愛, 취取, 유有, 생生, 노사老死.

4 육근六根: 안眼, 이耳, 비鼻, 설舌, 신身, 의意의 여섯 감각기관. 육근이 감각대상인 육경六境, 즉 색·성·향·미·촉·법色聲香味觸法을 만날 때, 각 감각기관을 통해 식識이 일어나는데, 이를 육식六識이라 한다. 육근, 육경, 육식을 합쳐 18계界라고 한다.

영가도 죽기 전 얼마간은 몸이 무척 짐이 되었기 때문에 '몸이 아프다, 이 아픈 몸이 나다.'라는 생각으로 아픔을 바라보는 버릇이 붙었을 겁니다. 그러나 이제 몸을 버리고 나니 그 아픔이라는 것이 비록 아직도 관성적으로 계속 느껴질지도 모르지만 기실은 그 아픔이 이 색신 때문에 생긴 고통일 뿐 별달리 실체가 있는 것이 아니라는 각성이 생겼을 겁니다. 따라서 '그 육신이 나의 본질이 아니다, 그 지긋지긋한 고에서 벗어날 수 있겠다.'라고 생각을 가다듬을 때가 되었다고 봅니다.

육신은 장애덩어리

육신이란 것은 장애덩어리입니다. 피할 수 없이 생노병사生老病死를 겪게 되는 우리의 육신은 탈도 많고,

병도 많은 곤혹스런 병주머니입니다. 또한 육신은 지둔한 것이어서 움직이는 데에 시간이 걸립니다. 우리의 마음이나 생각이 움직이는 데는 시간이 걸리지 않는데 비하면 참으로 둔중한 짐덩어리 입니다.

그러한 몸이 겪는 늙음과 죽음, 이것은 고苦의 대표격이라 할 수 있습니다. 이 자리에 이미 백발이 성성한 분들도 있고, 몸이 불편해서 늙음이 얼마나 부자유스럽고 힘든 상태인지, 육신이 얼마나 병주머니인지를 절감하는 분들도 많을 겁니다. 이렇게 늙다가 마침내는 몸 따로, 마음 따로, 느낌 따로 헤어지는 때가 옵니다. 오온五蘊이 흩어지는 걸 죽음이라 부르는 겁니다. 죽음이란 대단히 거창하고 두렵고 먼 것 같지만, 실제로는 한때 가합假合으로 만났던 오온, 즉 색色·수受·상想·행行·식識이 헤어지는 것일 뿐입니다. 저들 오온은 그저 무상할 따름으로 끊임없이 되풀이되는 어떤 운동 현상일 뿐입니다.

몸[色]도 오온 중의 한 가지 요소에 불과합니다. 그러면 이 몸이라는 요소가 어떻게 생겨났는가? 그리고 그 몸으로 인해 고통받는 인생을 다시 살지 않으려면 어떻게 해야 하는가? 부처님은 몸의 생멸生滅과 또 몸을 다시 받지 않을 수 있는 길을 12연기를 통해 설해 주셨습니다.

3. 인생이란

인생은 제행

인생은 불교 용어로 풀자면 제행諸行이 됩니다. 행[5]
은 여러 가지 요소들이 인연 따라 복합적으로 만나 얽
히고설키며 전개되는 것이라서 천류遷流라고도 합니
다. 변천할 천遷에 흐를 류流이니, 끊임없이 변천하면서

---

5 행은 빠알리어로 상카아라sankhāra인데 보통 복수형 상카아라
sankhārā로 쓰임. 행은 '모여서 형성된 것들'이라는 뜻으로 법과 대비
되는 개념이다. 경전에서 행은 여러 맥락으로 나온다. ① 제행무상
諸行無常의 행은 '일체의 유위법' ② 오온五蘊, 즉 색·수·상·행·식色受
想行識의 경우, 행은 매우 광범위한데 그 가운데 비중이 커서 별립
시킨 수와 상 외의 모든 정신작용 ③ 십이연기十二緣起의 경우, 행은
12요소 중의 하나. 여기서 행은 무명과 식을 관련시키는 작인作因.

흘러가는 것, 그것이 행입니다. 인생 역시 바로 그런 행의 흐름입니다. 인생은 매우 많은 요소들이 복잡하게 얽혀 끊임없이 명멸하면서 움직이는 가운데 특히 의식의 활동이 주류를 이루어 업을 짓고 업보를 분명하게 받는 점에서 다른 생류生類들과 구별되는 특수한 행이라 하겠습니다.

행은 빠알리어로 상카아라*saṅkhāra*인데, 움직임, 행위, 형성, 형성력, 형성된 것, 유위有爲, 행렬行列, 배열配列 등을 의미합니다. 불교에서는 행이라는 말을 쓸 때 보통 복수형으로 표현하여 '제행諸行'이라고 합니다. 왜 굳이 복수 형태를 취하는가? 행렬이나 배열처럼 여러 행이 연이어지고, 그 모든 요소들이 얽혀서 매 순간 변화하며 흐르기 때문입니다. 인간이 동물과 구별된다지만 그러나 행에 매여 있는 한, 한낱 천류의 삶을 사는 제행이라는 점에서는 다를 바가 없습니다.

순관-역관-순·역관

그런데 제행은 12연기 열두 항목 중의 하나이긴 하지만 어찌 보면 무명無明에 뒤따르는 모든 인과의 연속을 포괄하기도 합니다. 부처님은 12연기의 열두 항목을 발생 순서대로 순관順觀하면 다음과 같다고 설하십니다.

무명無明이 있으면 제행諸行이 있고, 제행이 있으면 식識이 있고, 식이 있으면 명색名色이 있고, 명색이 있으면 육처六處가 있고, 육처가 있으면 촉觸이 있고, 촉이 있으면 수受가 있고, 수가 있으면 애愛가 있고, 애가 있으면 취取가 있고, 취가 있으면 유有가 있고, 유가 있으면 생生이 있고, 생이 있으면 노사老死가

있다.[6]

그러니까 순관은 고가 발생하는 원인을 밝혀 주는 집성제集聖諦에 대한 관입니다. 반면 12연기 역관은 고를 해결하는 멸성제滅聖諦에 대한 관입니다.

무명이 없어지면 제행이 없고, 제행이 없어지면 식이 없고, 식이 없어지면 명색이 없고, 명색이 없어지면 육처가 없고, 육처가 없어지면 촉이 없고, 촉이 없어지면 수가 없고, 수가 없어지면 애가 없고, 애가 없어지면 취가 없고, 취가 없어지면 유가 없고, 유가 없어지면

---

6 《상응부》 2권, 12: 15, 〈깟짜아나곳따 경Kaccānagotta sutta〉, 12: 44, 〈세상 경Loka sutta〉. 삐야닷시 스님 지음, 전채린 옮김, 법륜 스물둘, 《연기》, 〈고요한소리〉, 참조.

생이 없고, 생이 없어지면 노사가 없다.[7]

　이처럼 태어남[生]이 없으면 죽음[死]도 없습니다. 이
것이 12연기의 역관逆觀입니다. 생사가 없는 그 경지,
즉 열반은 모든 존재가 도달해야 할 궁극이자 종점입
니다. '어떻게 하면 노사가 없을 수 있고, 어떻게 하면
생이 없을 수 있을까?' 하는 질문에 대한 답이 도성제
道聖諦, 즉 팔정도八正道[8]입니다. '팔정도를 닦는 것이
노사를 없애는 길이요, 생을 없애는 길이요, 유를 없
애는 길이요, 취를 없애는 길이요, 애를, 수를, 촉을,

7　《상응부》 2권, 12: 1, 〈연기 경*Paṭiccasamuppāda sutta*〉, 1~2쪽.

8　팔정도八正道 *Ariya Aṭṭhaṅgika Magga*: 바른 견해[正見 *sammā diṭṭhi*], 바
　른 사유[正思 *sammā saṅkappa*], 바른 말[正語 *sammā vācā*], 바른 행위
　[正業 *sammā kammanta*], 바른 생계[正命 *sammā ājīva*], 바른 노력[正精
　進 *sammā vāyāma*], 바른 마음챙김[正念 *sammā sati*], 바른 집중[正定
　sammā samādhi].

윤회고輪廻苦를 벗는 길 19

육처를, 명색을, 식을, 제행을 없애는 길이요, 드디어는 무명도 없애는 길이다.'

그러면 어떻게 무명이 없어질 수 있는가? 무명은 이름 그대로 명明이 있지 않는 상태니까, 명이 나타나면 무명은 당연히 없어집니다. 명이 나타나려면 그 길은 팔정도를 닦는 길밖에 없습니다. 그런데 제행 다음의 식-명색 등 여러 요소들이 없어지는 과정은 명과 달라서 논리적으로 두 가지 길이 있습니다. 하나는 무명이 사라져 지혜 광명이 나타나면, 그 때문에 행-식 등의 요소들이 성립할 조건이 기본적으로 부재하는 것이고, 둘째로는 12연기 연결고리 중 앞 요소가 사라져 없게 되면 그 때문에 연기관계가 성립되지 못하여 다음 요소가 있을 수 없게 되어 버리는 것, 이 두 길입니다. 우리가 수행을 통해 향상을 시도한다는 것 자체가 아직 명의 상태가 실현되지 않았다는 뜻이 되고 그래서 역관의 노력을 하게 되는 것이니까, 이때는 연결고리를 끊어서 연결 관계를 차단하는 길밖에 없습니다.

연기의 연결고리를 끊는 것은 지극히 어려운 일입니다. 연결고리 가운데 수受와 애愛 사이의 고리를 겨냥하면 가능할 수 있지 않을까 합니다. 이 일에 성공하려면 팔정도 중에서도 바른 마음챙김, 정념正念 *sammā sati*의 역할이 대단히 중요하여 특히 강조하지 않을 수 없게 됩니다.

한편 역관을 실현해 내는 것이 팔정도라면, 이 팔정도의 길을 비추어 주고 이끌어 주는 것은 법입니다. 법은 부처님이 진리를 가르치기 위해 쓰시는 수미일관된 체계입니다. 12연기를 순관을 하는 것도 법이고 역관하는 것도 법입니다. 말하자면 'OO이 있으면, OO이 있다.'고 관하는 것이 순관이고, 'OO이 없어지면, OO이 없다.', 또는 'OO이 없으려면 OO이 없어야 한다.'고 관하는 것은 역관인데 부처님은 득히 역관을 실현하는 길을 도道라 하시고 팔정도로 자세하게 설해주신 겁니다. 역관을 할 때 특히 결정적 역할을 하는 요소로 방금 바른 마음챙김의 중요성을 강조했던 점을 새겨둘 필요가 있습니다.

부처님은 연기에 대한 견해를 초기부터 〈대인연경大因緣經 Mahānidāna sutta〉[9]에서 분명하게 드러내고 계십니다. 〈대인연경〉에 '9지연기九支緣起'가 나옵니다. 9연기는 노사-생-유-취-애-수-촉-명색-식의 아홉 항목

---

9 《장부》 2권 15경, 〈대인연경Mahānidāna sutta〉.

으로 되어 있습니다. 그것이 연기론의 기본 형태가 아닌가 합니다. 보통 연기법의 완성을 12연기라고 말하는데, 그렇다면 9연기와 12연기는 각각 어떤 의미가 있을까요? 고를 해결하는 멸성제滅聖諦의 입장에서 보면 9연기는 심해탈心解脫과 쉽게 연계가 됩니다. 그러나 9연기에는 무명이 들어있지 않아서 혜해탈慧解脫과는 관련짓기가 어렵습니다. 그래서 무명이 전제되는 12연기론이 필요하게 됩니다.

삼세양중인과설

앞서 '인생은 제행'이라 했지요. 오늘 우리가 영가를 위해 이야기하면서 제행을 삼세양중인과설三世兩重因果說에 입각해서 설명해 보는 것도 적절할 겁니다.

삼세양중인과설에 따르면 '과거세-현재세-미래세 삼세가 있다, 과거세에 지은 모든 의도적 행위들이 인因과 연緣이 되어서 업력業力으로 작용하여 금생의 업식業識으로 나타나는 결과를 빚게 되었고 이 업식이 인이 되어 금생의 존재[名色]가 태어나는 과정이 전개되었다, 과거세의 업이 원인으로 작용하여 금생의 태어남이 있게 된 것이다, 그리고 금생의 여러 행위, 즉 촉-수-애-취들이 다음 생에 전개될 유-생-노사의 원인이 된다.[10] 과거세 현재세 그리고 미래세의 삼세에 걸쳐서 과거세가 현재세의 인이 되고, 현재세가 미래세의 인이 된다.'고 합니다. 말하자면 삼세에 걸쳐 인과관계의 전

10 삼세양중인과설을 해석하는 전통적 견해는 무명·행을 과거세의 2 인因, 식·명색·육처·촉·수를 현재세의 오과果, 애·취·유를 현재세의 삼인, 생·노사를 미래세의 2과로 설명한다. 여기서는 식·명색·육처를 현재세의 과로, 촉·수·애·취를 미래세를 이끌어 들이는 인이 되는 현세의 작업作業으로, 유·생·노·사를 그 작업의 결과로 오는 미래세의 과로 이야기한 셈이 되는데 상식적으로 쉽게 풀어 본 것이다.

개가 두 번 되풀이된다는 뜻에서 삼세양중인과입니다.

삼세양중인과설을 참고하여 제행을 보면, 제행은 과거세에 지은 여러 가지 행위들입니다. 과거세에 지은 업인業因들이지요. 그것이 금세의 식을 규정합니다. 이 금세의 식이 육처를 통해 촉-수-애-취를 짓는 삶을 살게 되는 것입니다. 안·이·비·설·신·의眼耳鼻舌身意 육처로 촉-수-애-취하는 대상은 명색입니다. 그러니 인간은 명색을 대상으로 하고, 명색에 갇혀서, 명색 안에서 살고 있는 것입니다. 그렇게 과거세에 지은 제행, 즉 업이 원인이 되어 나타난 식과 명색의 세계를 산다는 말입니다.

그렇다면 제행은 왜 있는가? 제행은 무명無明 때문에 있습니다. 무명이 원인이 되어 태어남과 삶이 있게 됩니다. 영가에게 닥친 죽음, 그 죽음의 원인도 무명입니다. 요컨대 우리 모두가 태어나고 살고 늙고 죽게 되는 원인이 무명입니다. 도대체 왜 죽음이 발생하는가? 한 마디로 무명 때문입니다. 만일 무명과 갈애를 넘어선 지혜를 증득하면 죽음을, 윤회를 벗어날 수 있게 됩니다.

제행무상 - 제행개고

    인생은 제행이요, 제행은 무상한 것입니다. 무명 때문에 제행이 있습니다. 무명이란 지혜의 결여입니다. 그 때문에 부처님은 기본적으로 지혜를 강조하십니다. 앞서 이야기한 연기법도 지혜와 반드시 연계되어야만 합니다. 지혜의 결여가 무지, 무명이니 무명이 연기의 첫머리에 놓이면 9연기가 갖고 있는 모든 한계성이 해결됩니다. 즉 12연기가 되면서 멸성제가 완성되는 것입니다. 그래서 부처님은 무명이 있기에 유위有爲의 연기가 이어진다고 하시면서 이 9연기를 제행으로 표현하신 것이 아닐까 하는 생각이 듭니다. 다시 말해 '무명이 있으면 9연기라는 제행이 있다.', 그 제행은 구체적으로는 '재생식再生識이 있으면 명색名色이 있고, 명색이 있으면 식이 있고, 그다음 육처 등 나머지 제 요소들이 있다.'고 설명됩니다. 사실 우리가 행이 있으면 식이 있다는 인과 논리를 이해하기가 쉽지 않은데 행의 흐름인 제행을 전생의 업業으로, 식을 재생식으로 보면 이해가 쉬워지지 않을까 합니다. 이렇듯 무명에 의해 벌어지는 식-명색-육처-촉-수-애-취-유-생-노사가 제행이요, 인생이라고 생각합니다. 이 변화하는 요소들이 거듭거듭 이합집산하면서 흘러가기 때문에 인생은 그야말로 제행무상諸行無常입니다.

우리 인생살이, 곡절이 얼마나 많습니까. 그 많은
곡절이란 결국 여러 가지 요소들이 인연 따라서 복합
적으로 엮이고 풀리고 하는 동안 일어나는 변화 때문
에 생기는 것입니다. 따라서 인생은 무상無常할 수밖
에 없습니다. 그리고 그 무상성의 전개는 탄력이 붙으
면 더욱 가속화됩니다. 변하면 변할수록 가속도가 붙
어 더욱더 맹렬하게 빠른 속도로 변하게 됩니다. 그 결
과 삶은 더욱 치열해지지요. 이기심으로 뭉친 요소들
이 치열하게 움직임을 짓다 보면 반드시 상충하고 갈
등도 더욱 격렬해지고, 인생은 말 그대로 더욱더 무상
해집니다.

이처럼 무상한 제행은 곧 고苦입니다. 제행개고諸行
皆苦입니다. 갈등에 쌓인 삶은 불만스럽고 고통스러운

것입니다. 소위 '행복'이니 '기쁨'이니 '즐거움'이니 하는 것들도 막상 그 본질에서는 얼마나 많은 갈등을 내포하고 있습니까? 그렇게 보면 행복이란 것도 그대로 고일 수밖에 없습니다. '제행이 치열해질수록 고도 더 치열해지는 것이 인생살이'라고 말할 수밖에 없습니다. 그런 중생들이 모여 온갖 고를 연출하는 이 사바세계야말로 고해苦海인 것입니다.

부처님이 제행무상, 제행개고를 말씀하신 뜻을 이렇게 다시 한번 되새겨보아야 하겠습니다. 스스로 지은 업業대로 받아서 사는 것이 우리 삶입니다. 삶의 추동력이 제행이라면, 제행을 돌아보고 관조하면서 그 삶에 가닥을 잡아 어떤 의미와 질서를 부여하는 기능, 이것을 법法이라고 할 수 있습니다. 제행이 맹목적인 흐름의 모습을 보여 주는 반면 법은 제행의 흐름에 질서를 부여하고 의미를 갖도록 해주는 것입니다. 그래서 선법善法은 보다 나은 의미를 향한 향상의 노정으로 제행을 바꾸어나가는 의도적 측면인 것입니다. 그러니까 우리가 법답게 살아서 법을 바로 세운다면 금수禽獸나 다를 바 없는 맹목적인 존재의 흐름으로부터 의미 있는 삶의 도정으로 인간의 제행을 전환시킬 수 있는 것입니다.

4. 죽음은 왜 오는가?

죽음이란

태어나는 순간 죽음을 향한 걸음은 이미 시작된 겁니다. 그러면 죽음의 시작인 태어남은 왜 있게 되었는가? 물론 전생에 공부를 해 마치지 못하여 미진한 업이 남았으니, 그 업력 때문에 생을 다시 받을 수밖에 없는 거지만 죽음과 태어남의 뜻을 온전히 이해하려면 불법佛法이 궁극적으로 지향하는 바에 비추어 보아야 하겠습니다.

부처님이 하신 모든 말씀은 결국 해탈解脫·열반涅槃

하나로 귀착됩니다. 불법은 '해탈일미解脫一味'입니다. 생生과 사死 역시 해탈·열반에 입각해서 보지 않으면 그 의미를 제대로 안다고 할 수 없습니다. 우리가 고해 중생으로 겪는 모든 경험은 해탈을 위한 것입니다. 그리고 태어남은 전생에 못다 이룬 해탈의 대원을 다시 다져서, '해탈을 향해 진일보하겠다, 해탈을 기어코 완성해내겠다.'라고 다짐하는 계기라고 볼 수 있습니다.

죽음은 공부를 이룬 성자에게는 반열반般涅槃에 드는 것이요, 공부를 아직 이루지 못한 사람에게는 '내가 금생에 못다 한 공부를 다음 생에 마저 해야겠다.'라고 다짐하는 계기가 되는 것입니다. 우리가 살아생전에 심기일전心機一轉하여 새 계기를 마련하듯이 죽음 역시 몸과 마음을 새로이 바꿈으로써 또 하나의 일전의 계기를 마련하는 것입니다. 죽음은 그 이상도 그

이하도 아닙니다. 그러니 향상의 계기를 마련하는 죽음이 되지 못한다면, 그 죽음은 제대로 된 죽음이 못되고 옳은 죽음이 못 된다고 할 수 있습니다.

영가는 지금 경험하는 죽음을 '금생에 할 만큼 했는데 이제 몸도 마음도 피곤하다, 새 출발이 필요하다, 새로운 출발을 위해 심기일전하여 해탈을 향한 큰 걸음을 다시 내딛겠다.' 하는 다짐의 계기로 삼아야 합니다. 해탈·열반을 향한 큰 걸음으로서 죽음을 맞아야 합니다. 그러니 죽음은 결코 우리가 슬퍼할 일이 아니고 울부짖고 눈물 흘릴 일도 아닙니다.

이미 육신을 여읜 영가나 또 앞으로 몸을 바꾸게 될 우리 모두가 해탈·열반을 향한 걸음의 분상에 있다는 점에서는 똑같습니다. 우리는 지금 이 육신으로 마음

닦는 공부를 하고, 영가는 새 몸으로 바꾸어서 다시 닦게 된다는 차이뿐이지 크게 다를 것이 없습니다. 영가나 우리나 모두 삶과 죽음을 그렇게 받아들여야겠습니다.

우리들은 오늘 한 영가의 천도를 위해서 이 자리에 모이기는 했지만, 사실은 가는 사람 따로 있고 보내는 사람이 따로 있는 것이 아닙니다. 그저 인연 따라서 무상하게 만나고 헤어짐이 있을 뿐입니다. 우리 자신도 언젠가는 반드시 가게 되는데, 그 감에 대한 대비가 얼마나 잘 되어있는지 이런 자리를 빌려서 점검해 보는 것입니다. 그렇게 할 때 비로소 오늘 우리가 이 자리에 모인 것이 하나의 의례이거나 부득이한 관계 때문만이 아니라, 죽음 공부를 통해 향상의 길을 걷고자 다짐하는 의미 있는 기회가 되는 겁니다.

왜 죽음이 오는가?

죽음은 왜 오는가? 그것을 이해하려면 연기, 특히 12연기를 잘 숙고해 볼 필요가 있습니다. 또 12연기를 숙고하는 방법으로 순관과 역관이 있다는 것도 이미 말했습니다. 열두 항목을 그 발생 순서대로 관하는 것이 순관입니다.

12연기의 마지막에 죽음이 나오는데, 이 죽음은 그 앞에 생이 있기 때문이고, 생은 다시 유가 있기 때문이라고 부처님이 설하셨습니다. 유가 있어 존재가 태어나게 되고, 태어남이 있으면 늙고 죽는 일이 발생하게 되는 겁니다. 결국 죽음이 온 것은 육신肉身을 가지고 사는 존재로 태어났기 때문입니다. 당연한 이야기입니다. 이 몸을 가진 생을 안 받았더라면 늙느니 죽느니

하면서 그에 따르는 그야말로 살을 에는 고통도 겪지 않았을 것입니다. 우리는 하필이면 육신을 가지고 병을 겪어야 하는 그런 생을 타고난 겁니다. 태어날 때 열 달이나 어머니 자궁 속에 갇혀 그 답답하고 탁한 양수 속에서 자라고, 좁디좁은 산도産道를 거쳐 태어나는 힘든 과정을 겪고 마침내 울면서 이생을 받았습니다.

태어남도 죽음도 그 과정이 온통 고통으로 찬 인간계에 몸 받아 온 것입니다. 왜 그래야만 했는가? 물론 구극적究極的으로는 무명 때문이지만 우선 당장은 앞서 말한 12연기의 유有[生成 bhava] 때문입니다. 부처님은 유에는 욕유欲有, 색유色有, 무색유無色有가 있다고 하시면서 이 세 가지 유[존재]를 버려야 한다고 말씀하

셨습니다.[11]

    욕유라는 것은 욕계欲界 존재, 말하자면 지금 우리
처럼 육도를 윤회[六道輪廻]하는 존재를 말합니다. 육도
六道는 지옥, 아귀, 축생, 아수라, 인간, 욕계 천상을 말
하는데, 이 여섯 세계를 오욕五慾[12]에 지배당하는 세계
라 하여 욕계라 부릅니다. 색유라는 것은 색계선정色
界禪定에 들어서 경험하게 되는 세계의 존재입니다. 무
색유라는 것은 이름 그대로 색이 없는 순수 정신세계
인 무색계를 사는 존재입니다. 그래서 삼유三有입니다.

---

11 "이 세 가지 존재를 버려야 한다. 어떤 세 존재를 버려야 하는가. 욕
계의 존재[欲有], 색계의 존재[色有], 무색계의 존재[無色有]이다. *Tayo
me bhikkhave bhava pahātabbā. …. Katame tayo bhavā pahātabbā. Kāmabhavo,
rūpabhavo, arūpabhavo, ime tayo bhavā pahātabbā*" 《증지부》 3권, A6:
105, 〈존재 경*Bhava sutta*〉.

12 오욕五慾은 ① 색色·성聲·향香·미味·촉觸 등 오경五境에 대한 욕망.
② 식욕·수면욕·음욕·명예욕·소유욕을 말함.

유는 존재 내지 존재로 되어가는 과정에 있는 상태이
니까, 유가 있으면 태어남과 죽음이 있을 수밖에 없습
니다.

이렇게 원인을 따라 주욱 올라가면 죽음의 일차 원
인은 태어남이고, 그다음은 유- 취-애-수-촉-육처-명
색입니다. 그런데 우리가 받은 색신은 살·뼈·오장육부
가 있는 인간계의 육신이니 이때의 명색은 명육名肉이
되는 셈입니다. 그러한 명색이 죽음의 깊은 원인이 되
겠습니다. 그런데 그 깊은 원인에도 다시 그것의 원인
이 있습니다. 그것이 식입니다.

식은 심·의·식心意識 중의 하나입니다. 식viññāṇa이
란 분별하여 아는 것인데 대상의 차이를 구분하여, 그
차이를 통해서 사물을 아는 능력입니다. 대상의 본질

이 아니라 표면상의 차이로 그 대상을 아는 식은 앎의 일종으로 지혜이긴 하나 매우 얕은 지혜입니다. 그 얕은 지혜를 넘어서는 차원의 지혜가 바로 반야般若 *paññā*입니다. 우리가 몸을 받아서 태어나는 고통스런 과정을 밟는 것도 결국은 이 얕은 지혜인 식에 매여 있기 때문입니다. 그리고 식에도 다시 그 원인이 있습니다. 제행-무명 때문입니다.

사성제를 모르기 때문

무명이란 무엇인가? 부처님은 아주 간략하고도 단호하게 말씀하십니다. '무명이란 사성제四聖諦를 모르는 것, 사성제에 대한 무지, 그것이다.'[13]라고 아주 딱

부러지게 한 마디로 분명히 말씀하십니다.

 사성제란 무엇인가?[14] 부처님이 설하신 최초의 법
문이 〈초전법륜경Dhammacakkappavattana sutta〉입니다.
부처님은 이 경에서 중도中道와 팔정도八正道, 사성제
를 말씀하셨습니다. 사성제는 고성제苦聖諦, 집성제集
聖諦, 멸성제滅聖諦, 도성제道聖諦입니다. 부처님은 이 네
가지 성스러운 진리에만 진리라는 말을 쓰십니다. 성
제聖諦는 빠알리어로 아리야 사짜Ariya Sacca인데 '성스

---

13 "비구들이여, 무엇이 무명인가? 고에 대한 무지, 고의 일어남에
   대한 무지, 고의 멸에 대한 무지, 고의 멸로 가는 걸음에 대한 무
   지, 이를 일러 무명이라 한다. *Katamā ca bhikkhave avijjā? Yaṃ kho
   bhikkhave dukkhe aññāṇaṃ, dukkhasamudaye aññāṇaṃ, dukkhanirodhe
   aññāṇaṃ, dukkhanirodhagāminiyā paṭipadāya aññāṇaṃ, ayaṃ vuccati
   bhikkhave, avijjā.*" 즉 무명이란 고성제苦聖諦 집성제集聖諦 멸성제滅聖
   諦 도성제道聖諦라는 사성제에 대한 무지이다. 《상응부》 12: 2, 〈분
   석 경Vibhaṅga sutta〉. PTS본 2권, 4쪽.

14 활성 스님, 소리 셋, 《불교의 시작과 끝, 사성제》, 〈고요한소리〉, 참조.

러운 진리'라는 뜻입니다. 부처님 가르침인 법法, 담마 *Dhamma*를 진리로 번역하는 경우도 있습니다. 그러나 빠알리*Pāli* 경에서 부처님은 진리라는 말을 사성제의 경우에만 쓰십니다. 그에 비하면 법이라는 단어는 훨씬 넓은 용도로 쓰이는 어휘이며 진리와 관련될 때는 '법은 사성제, 즉 진리로 다가가는 길, 진리로 가는 문, 진리를 설하는 방편 체계'로 해석해도 무방하며 진리를 포용하기도 합니다.[15]

사성제는 모든 존재가 다생多生에 걸쳐 몸을 받고 죽고, 또다시 몸을 받고 죽기를 거쳐 마침내는 깨닫게 되고 또 반드시 깨달아야 할 절대적 진리입니다. 지금 우리가 영가를 보내면서, 영가와 더불어 이런 이야기

---

15 활성 스님, 소리 열다섯, 《담마와 아비담마-종교 얘기를 곁들여서》, 〈고요한소리〉, 참조.

를 하고 있는 이유도 결국은 거기에 있습니다. 우리는 몇 생에 걸치든, 몇백 생에 걸치든, 다겁생에 걸쳐서라도 사성제를 반드시 깨달아야 합니다. 불교를 믿든, 기독교를 믿든, 천주교를 믿든, 이슬람교를 믿든, 힌두교를 믿든, 무신앙자이든, 과학자이든 간에 사성제는 누구든 언젠가는 깨달아야 하는 진리인 것입니다. 사성제를 깨달아 아라한이 되면 존재와 삶은 완성된 것이고 마침내 할 일을 다해 마친 것이 됩니다. 존재로서할 일을 다했기 때문에 존재의 세계를 벗어나게 됩니다. 즉 해탈·열반하여 윤회를 끝내게 됩니다.

　해탈·열반은 모든 존재가 귀착해야 할 종점입니다. 해탈은 존재를 마감하는 것입니다. 앞에서 말한 삼유, 즉 욕유, 색유, 무색유는 윤회의 종착점을 향해서 나아가는 도정에 있는 존재인 것입니다.

여러분, 인생은 되는대로 흘러가는 목적 없는 흐름이 아닙니다. 인생은 삶에서 겪는 갖가지 체험들, 아픔, 고통, 시달림 등의 경험을 통해서 하나의 목표를 향해서 나아가게 되는 흐름이라는 특성을 갖고 있습니다. 말하자면 사람만이 누리는 생, 즉 인생은 목표지향성을 띤 특수한 흐름입니다. 그 목표가 바로 사성제에 대한 깨달음, 즉 해탈·열반입니다.[16]

부처님은 거기까지만 말씀하시고 열반 후 소식에 대해서는 말씀이 없으십니다. 열반 다음이 있는지 없는지에 대해서는 대답하지 않으십니다. 왜? 열반의 경지에 도달하면, '있다, 없다'는 말이 붙을 자리가 없기 때

---

16 모든 업이 반드시 해탈을 지향해서 행해지는 것은 물론 아니다. 그러나 의意를 지닌 인간이 짓는 것이기에 끊임없는 자가 수정自家修正을 통해 마침내는 해탈의 방향으로 나아가는 결과가 된다.

문입니다. 열반은 '있다, 없다'는 말로써 어쩌고저쩌고 하는 알음알이 세계, 즉 식識 놀음의 버릇으로는 가늠할 수가 없습니다. 그래서 부처님은 거기까지만 말씀하십니다.

5. 생사를 벗는 길

어떻게 고에서 벗어나는가?

부처님이 고성제[17]에서 밝히셨듯이 우리 존재는 한 마디로 고苦를 겪는 고존苦存입니다. 우리는 왜 고에서

---

17 "비구들이여, 이것이 고성제苦聖諦이다. 태어남도 고苦이고, 늙음도 고이고, 병듦도 고이고, 죽음도 고이다. 슬픔·탄식·고통·근심·고뇌 또한 고이다. 좋아하지 않는 것과 마주치는 것도 고이며, 좋아하는 것과 멀어지는 것도 고이며, 원하는 것을 얻지 못하는 것 또한 고이다. 요컨대 다섯 가지 집착의 쌓임[五取蘊]이 고이다. *Idaṃ kho pana bhikkhave dukkhaṃ ariyasaccaṃ. Jāti pi dukkhā jarā pi dukkhā vyādhi pi dukkhā maraṇam pi dukkhaṃ sokaparidevadukkhadomanassupāyāsā pi dukkhā, appiyehi sampayogo dukkho piyehi vippayogo dukkho, yam picchaṃ na labhati tam pi dukkhaṃ, saṃkhittena pañcupādānakkhandhā pi dukkhā.*" 《상응부》 56: 11, 〈초전법륜경*Dhammacakkappavattana sutta*〉, PTS본, 5권, 421쪽.

벗어나지 못할까요? 왜 해탈이라는 저 좋은 길을 두고도 이 어두운 사바세계에서 계속 윤회의 고를 지속할까요? 왜 저 똑똑한 중생들이 고를 고인 줄도 모르고 윤회의 길을 계속 헤매고 있을까요? 부처님은 그 원인을 한마디로 요약해서 '존재에 대한 갈애 그리고 무명 때문이다.' 이렇게 말씀하십니다. 이 소식이 아까 말한 집성제[18]입니다.

우리가 해탈·열반에 들지 못하고 고를 지속하고 있는 것은 어떤 형태로든 존재를 지속하려는 열망, 그 강력한 집착 때문입니다. 심지어는 '죽고 싶다, 존재하기 싫다.' 하는 것까지도 사실은 존재에 대한 열망입니다. 왜? '이런 형태의 삶은 싫다, 내가 원하는 삶의 형태가

---

18 프란시스 스토리 지음, 재연 스님 옮김, 법륜 열다섯, 《사성제》, 〈고
   요한소리〉, 참조.

아니기 때문에 싫다.'는 것이므로, 결국은 자기가 원하는 다른 어떤 형태의 존재를 갈구하고 있는 것입니다. 그것이 가령 '다시 몸 받기 싫다.'고 하는 걸지라도 그것이 열반의 실현이 아닌 이상, 존재에 대한 열망의 사라짐이 아니라 오히려 그 또한 무無라는 형태에 대한 갈구가 되어 버립니다.

이와 같은 존재에 대한 근본적 집착을 풀지 못하는 한, 아무리 존재에서 벗어나고 싶은 감상적인 느낌이 마음속 깊이 간절하다 해도 결코 존재에서 벗어날 수 없습니다. 그 때문에 존재를 거듭거듭 되풀이 하고 있는 것입니다. 우리는 존재에 대한 집착에 끈질기게 매여서 마치 마약에 중독된 사람이 그 중독 상태를 지속하지 않으면 도저히 못 견디듯이 존재를 지속하지 않으면 못 견딘다는 말입니다.

그러면 어떻게 '존재'로부터 벗어날 수 있을까? 부처님은 존재고存在苦에서 벗어나 해탈·열반에 드는 길, 그 길은 12연기를 순관順觀-역관逆觀-순·역관함으로 걷게 된다고 하셨습니다. 이 말씀은 결국 무명과 존재에 대한 갈애를 완전히 없애는 길에 대한 가르침입니다. 즉 사성제의 집성제와 멸성제에 대한 이해와 이를 실천하는 길인 도성제에 대한 가르침인 것입니다. 도성제가 바로 팔정도[19]입니다. 부처님 가르침의 핵심인 팔정도는 존재에 대한 갈애와 무명을 궁극적으로 멸하는 길인 것입니다. 어떻게 멸하게 되는가? 팔정도에 입각한 삶을 바르게 살고, 특히 팔정도의 바른 마음챙김[正念], 즉 사띠sati 공부에서 신·수·심·법身受心法의 사념처四念處를 바르게 챙기는 것, 즉 바른 마음챙김[正念]

---

19 비구 보디 지음, 전병재 옮김, 법륜 열여덟, 《팔정도》, 〈고요한소리〉, 참조.

이 그 길입니다. 팔정도의 바른 견해·바른 사유로 방향을 정립하고[慧蘊], 바른 말·바른 행위·바른 노력을 통해 계를 굳건히 하고[戒蘊], 바른 노력·바른 마음챙김과 바른 집중을 닦으면[定蘊] 계戒·정定·혜慧 삼학三學이 구족됩니다. 그러면 초세간超世間 차원의 지혜와 해탈이 뒤를 잇게 됩니다.

사념처를 바르게 챙기려면 신념처身念處부터 공부해야 하는데, 먼저 우리가 일상적으로 눈길을 주던 외처外處인 색色으로부터 내처內處인 몸[身]으로 눈길을 돌려 안으로 자신을 들여다봅니다. 이 몸이 어떤 상태로 지내고 있는지 호흡을 보고, 행주좌와行住坐臥·어묵동정語默動靜을 있는 그대로 바라보고, 몸을 채우고 있는 구성 내용들, 특히 죽음을 맞아 그 구성요소들의 흩어지고 사라지는 과정을 관합니다. 그런 다음 자신의 몸에서 일어나는 수受, 즉 기쁨과 괴로움, 괴롭지도 즐겁지도 않음을 명확히 파지把持함으로써 수로 인하여 애愛가 따라붙지 않도록 차단하는 것입니다.

이처럼 팔정도 덕분에 모든 존재들이 갈구해왔던 해탈·열반에 이르는 길을 확실하게 걸을 수 있게 되는 것입니다. 이것이 불법의 요체라고 생각합니다.

우리는 지금 윤회의 현장에 서서 다음 생에 몸을 어떻게 받고, 다음 생에 대한 원력을 어떻게 세울 것인가 하는 중차대한 과제를 안고 있습니다. 우리 모두는 늙어가고 죽음을 앞두고 있고 또 죽어서 다음 몸을 받아야 하는데, 문제는 '어떻게 하면 삶과 죽음의 고통으로부터 자유로울 수 있을까?' 하는 것입니다. 이 문제는 결국 '어떻게 하면 존재에 대한 갈애를 없앨 것인가?' 라는 것이고, 그 답은 앞에서 말했듯 사념처를 관함으로써 수와 애의 연결고리를 차단하는 데 있습니다. 이런 소식을 담고 있는 것이 팔정도입니다. 이 팔정도의 실천을 구체화하는 열쇠 중 하나로 우리는 〈염신경念身經 Kāyagatāsati sutta〉[20]을 발견하게 됩니다.

불사不死의 문

〈염신경〉은 빠알리 경 가운데 대표적으로 찬탄되는 경입니다. 초기의 모든 경에서뿐만 아니라 〈밀린다왕문경Milinda Pañha〉[21] 같은 후대의 경에서도 '염신念身의

---

20 《중부》 119경. 《염신경》, 현음 스님 옮김, 금구의 말씀 하나, 〈고요한소리〉, 참조.
21 《부처님이 세운 법의 도시-밀린다왕문경 제5장》, 아이 비 호너 영역, 전채린 옮김, 보리수잎 마흔둘, 〈고요한소리〉, 참조.

수행은 불사不死의 감로수'라고 비유합니다. 해탈·열반이 불사입니다. 불사는 불교의 목표입니다. '불사의 문이 열렸다, 귀 있는 자 들으라.' 하는 것이 부처님이 깨달으신 후 최초로 하신 말씀입니다.

염신이란 몸을 염念 sati 하는 것입니다. 염은 '항상 일념으로 마음을 챙기는 것'인데, 몸에 대해 바르게 마음챙김 하기를 잊지 않는 것입니다. 부처님은 바르게 염신 하는 노력이 '수행의 길 중에서 최상승의 길'이라고 말씀하셨습니다.

자기 업이 구체적으로 나타난 것이 이 몸뚱이입니다. 우리가 병을 앓는 것도, 죽음을 겪는 것도 모두 다 바로 이 몸뚱이를 통해서이니 그만큼 몸을 관하는 것이 중요할 수밖에 없으며 그만큼 향상의 계기도 됩니다. 바깥의 색色에서는 해탈의 계기를 결코 찾을 수 없습니다. 그 때문에 부처님은 바로 이 몸[身]에서, 자신의 몸을 대상으로 바른 마음챙김 하고, 그 몸을 통해서 겪는 온갖 느낌과 경험들을 대상으로 하여 바른 마음챙김 수행을 하라고 말씀하신 겁니다.

몸은 현실의 기반입니다. 추상적이고 관념적인 대상, 즉 외처外處로서의 색에 비하면 몸은 구체적인 현실입니다. 달리 표현하자면 몸은 중도체中道體입니다. 몸은 바깥이기도 하고 안이기도 합니다. 결코 관념적 추상체가 아닙니다. 부처님은 바로 이 몸을 통해 팔정도라는 중도中道를 실천해내라고 하십니다. 이것이 부처님이 가르치신 수련법의 요체입니다. 우리는 이 염신의 수련을 통해 불사의 문에 들어설 수 있는 것입니다.

영가가 할 일

영가는 삶의 회전, 즉 생사生死의 윤회를 겪는 과정에서 완전히 벗어난 게 아닙니다. 단지 윤회에서 벗어나지 못해 받는 생生 중의 한 생을 마감한 것입니다. 그러니 다음 생을 향해 또 가야 합니다. 살아생전에 밝은 지성과 지혜로써 삶과 죽음을 잘 헤아릴 수 있었으면 죽음을 맞이해서도 방황하는 일이 없을 것입니다. 다만 영가의 준비가 과연 어느 정도까지 숙성되어 있는가가 문제일 뿐입니다. 아무쪼록 오늘 제가 하는 이런 장황한 이야기가 한낱 기우에 지나지 않게 되길 바랍니다.

사람들은 죽음에 대해서 막연하게 생각하거나 대단히 굳어버린 고정관념을 지니고 있지요. 그러면 과연 불교에서 죽음은 무엇인가? 지금 이 맥락에서는 '식

識이 명색名色과 헤어지는 것이 죽음'이라고 말할 수 있습니다. 그리고 식은 과거생에 지은 여러 업을 다 함장含藏하고 있기 때문에 거기에 걸맞은 다음 생의 명색과 만납니다. 식이 명색과 헤어지고 다시 새로운 명색과 만나는 과정이 죽음과 재생입니다. 이렇게 말하면 식識이라는 불변의 실체가 있어 윤회를 겪는 주체인 것처럼 생각하기 쉬운데, 엄밀한 의미에서 식은 불변이 아닙니다. 식 그 자체는 찰나지간에 변하는 것이어서, 고정된 실체가 없다는 제법무아諸法無我의 진리를 실증하는 것입니다. 말하자면 식이 고정된 채 재생하는 것이 아니라 변하면서 재생하는 것입니다. 부처님처럼 지혜의 완성을 이루었다면 당연히 재생은 있을 수 없습니다. 윤회의 굴레에서 벗어납니다. 그런데 우리 범부들은 그런 지혜를 얻지 못했기에 식에 매여 재생의 길, 윤회의 길을 계속 걷고 있는 것입니다.

죽음을 맞는 순간의 식을 사식死識이라 합니다. 사식의 내용과 그 수준은 영가가 과거생에서 금생까지 살아온 모든 업業의 축적치입니다. 거의 대부분의 영가는 다음 생을 받게 되고 그러기까지 시간이 걸리기 때문에 최장 49일까지 재를 지냅니다. 죽음을 맞는 순간의 사식과 다시 태어나는 순간의 생식生識 사이의 식을 보통 중음식中陰識[22]이라 하지요. 그런데 부처님 가르침을 따라 수행한 사람이 49일까지 영가 상태로 헤매고 다닌다면, 그 사람의 수행은 미흡한 것입니다. 빠알리 경에 따르면 죽자마자 다음 생의 몸으로 바로 직행하기에, 사식은 그야말로 찰나적이고 순간적 현상에

---

22 중음식中陰識 : 중음은 중유中有라고도 하는데. 중음식은 사람이 죽어서 다음 생을 받을 때까지 49일 동안 지니는 식識을 말함. 남방불교에서는 중음식을 인정하지 않는 전통도 일부 있음. 사식死識이 곧 바로 재생식再生識으로 이어진다고 함. 티베트불교에서는 중음식을 인정함. 재생식을 인정하지 않거나 사후 영생을 믿는 문화권에서는 중음식 대신 사후영死後靈을 말함.

불과해야 합니다. 그래서 사식 상태가 실질적으로는 존재하지 않아야 합니다. 그런데 그러지 못하고 중음식 상태로 헤맨다는 것은 생시에 존재의 궁극적 의미, 즉 네 가지 성스러운 진리인 사성제四聖諦를 깨닫는 공부를 그만큼 철저하게 하지 못했다는 증거입니다. 심지어는 사성제 진리를 만나지도 못했거나 만났더라도 엉뚱한 방향으로 이해하는 등 생의 목적에 충실하게 살지 못한 만큼 그 미혹된 정도에 따라 그에 걸맞은 수준의 세계에 존재하게 되는 것입니다.

오늘의 영가 역시 만일 중음식 상태에 머물고 있다면 이 중음식 상태를 빨리 벗어나야 합니다. 그것을 벗어나기 위해서는 '내가 다음생에 부처님 가르침을 만나고, 선지식에 의지하여 선법善法을 착실히 공부하는 생을 영위하겠다.' 하는 원력을 굳혀야 합니다. 그 원력 하나만 붙들고 있어야 합니다. 지금 영가가 경험하는 여러 가지 혼란스럽고 두렵고 어둡고 음울하고 암담한 그 명색의 형상들에 매이지 마십시오. '이런 온갖 형상들은 다 허상이고 한낱 명색일 뿐'이라는 것을 깨달아야 합니다. 거듭 말하지만 '다음 생에 부처님 정법正法을 만나고 선지식에 의지해서 공부하겠다.' 하는 원력만 굳히십시오. 정법을 만나는 것도 선지식을 만나는 것도 큰 행운이자 복이므로 대원력 없이는 이루어지지 않습니다. 큰 서원, 대원을 세우십시오. 대원을 세우는 순간부터 제천신諸天神이 기꺼이 영가를 지켜주고, 공포로부터 어두움으로부터 영가를 보호해서 다음 생으로 안내해 줄 것입니다. 헤맬 필요도 없고 두려워할 필요도 없습니다. 그 원 하나만 굳히십시오.

그런데도 큰 서원을 굳히지 못하고 과거생의 현란한

명색에 자꾸 정신을 팔다 보면 끝없는 미혹 속을 헤맬 수밖에 없습니다. 살아생전에 지녔던 모든 집착, 모든 욕망, 모든 괴로움들은 육신을 가진 미흡한 존재이기 때문에 겪어야 했던 불행한 상태일 뿐입니다. 그렇지만 반드시 네 가지 성스러운 진리를 깨닫는 내생來生, 삶 본래의 의미에 충실한 내생을 받겠다는 서원 하나만 있으면, 이 우주에 가득한 천신들과 구천九泉 지옥까지도 꽉 차 있는 온갖 신들이 지켜줄 것이고 보호해 줄 것입니다. 그러니까 두려워하지 말고, 미혹되지 말고, 방황하지 말고, 향상의 길을 나아가야겠다는 원 하나만 생명의 동아줄처럼 붙드십시오. 그 원 하나만이 모든 고통스럽고 어두운 상태로부터 영가를 이끌어내어 광명으로 인도해 줄 것이고, 다음번의 보람찬 생으로 안전하게 데려다줄 것입니다. 그러니 부디 그 원을 굳히십시오.

또한 이 자리에 함께한 여러분들도 영가를 위하여 일심으로 기원하고, 영가가 바른길을 가도록 힘을 보태주길 바랍니다. 영가는 어쩌면 지금 준비가 부족한 채로 죽음을 맞아 아직까지도 공포에 차서 겁먹고 두려워 법을 제대로 챙길만한 여력이 없을지도 모릅니다. 그럴 경우 여러분의 기원이 큰 힘이 되어 줄 것입니다. 절집에서는 저승 가는 영가를 독경 소리가 계속 따라와서 지켜준다는 이야기도 있습니다.

영가는 금생에 많은 불사佛事를 거들었고 한 여인으로서 할 수 있는 노력을 다하여 공덕을 쌓았으니 그 공력이 헛되지 않을 것이고, 그것이 기틀이 되어 다음 생의 수행력을 밑받침할 것입니다. 이 자리에서 거듭 당부합니다. 다음 생에도 정법을 공부할 수 있는 좋은 환경에 더 좋은 몸으로 태어나 훌륭한 도반들과 어울리

면서, 생사를 벗어나는 공부를 기필코 끝맺음하도록 하십시오.

그러기 위해서 영가는 이왕이면 한국처럼 구도심을 촉발하기에 알맞은 환경에 태어나십시오. 왜? 너무 느긋한 환경에서도, 또 너무 풍요하거나 현실주의적인 각박한 환경에서도 구도求道는 어렵습니다. 지구상의 온갖 고뇌가 다 모여 대단히 치열하게 전개되는 현장이며, 정법의 명맥이 굳건히 유지되고 있는 이 땅에 태어나서 다양한 고를 경험하는 가운데 구도의 발심을 더욱더 다지기를 바랍니다.

영가의 세계가 다른 것이 아니고, 그저 향상을 향해서 꾸준히 나아가는 도중에 잠시 합쳐졌던 심신이 다시 흩어지는 과정입니다. 심신이 흩어진다는 말은 곧 다음생을 향하여 새 출발을 한다는 것입니다. 새 출발을 하려면 새로운 식과 신이 필요한 겁니다. 새 몸과 새 환경을 받아 다시 시작하는 과정이 커다란 향상의 전기가 되어야 합니다. 부디 그 전기를 잘 살리기 바랍니다. 이것이 영가가 반드시 챙겨야 할 일입니다.

끝으로 거듭 당부합니다. 영가여, 부디 '다음 생에도 반드시 정법을 만나고, 선지식을 만나고, 일찍이 수행의 길에 들어서 향상의 길을 충실히 걷겠노라.'는 원을 딱 굳히십시오. 영가여, 오늘 이 천도재를 계기로 더 큰 향상의 걸음을 내디디십시오. 다음 생에도 부디 부처님 법을 만나 팔정도 수행에 대 진전을 이루어 해탈·열반을 성취하게 되기를 빕니다! ❀

───── 말한이 **활성** 스님

1938년 출생. 1975년 통도사 경봉 스님 문하에 출가.
통도사 극락암 아란야, 해인사, 봉암사, 태백산 동암, 축서사 등지에서
수행정진. 현재 지리산 토굴에서 정진 중. 〈고요한소리〉 회주

───── 엮은이 **김용호** 박사

1957년 출생. 전 성공회대학교 문화대학원 교수 (문화비평, 문화철학).
〈고요한소리〉 이사

──── 〈고요한소리〉는

○ 붓다의 불교, 붓다 당신의 불교를 발굴, 궁구, 실천, 선양하는 것을 목적으로 설립되었습니다.

○ 〈고요한소리〉 회주 활성스님의 법문을 '소리' 문고로 엮어 발행하고 있습니다.

○ 1987년 창립 이래 스리랑카의 불자출판협회BPS에서 간행한 훌륭한 불서 및 논문들을 국내에 번역 소개하고 있습니다.

○ 이 작은 책자는 근본불교를 중심으로 불교철학·심리학·수행법 등 실생활과 연관된 다양한 분야의 문제를 다루는 연간물連刊物입니다. 이 책들은 실천불교의 진수로서, 불법을 가깝게 하려는 분이나 좀 더깊이 수행해보고자 하는 분에게 많은 도움이 될 것입니다.

○ 이 책의 출판 비용은 뜻을 같이하는 회원들이 보내주시는 회비로 충당되며, 판매 비용은 전액 빠알리 경전의 역경과 그 준비 사업을 위한 기금으로 적립됩니다. 출판 비용과 기금 조성에 도움주신 회원님들께 감사드리며 〈고요한소리〉 모임에 새로이 동참하실 회원을 기다리고 있습니다.

○ 〈고요한소리〉 책은 고요한소리 유튜브(https://www.youtube.com/c/고요한소리)와 리디북스RIDIBOOKS를 통해 들으실 수 있습니다.

○ 〈고요한소리〉 회원으로 가입하시려면, 이름, 전화번호, 우편물 받을 주소, e-mail 주소를 〈고요한소리〉 서울 사무실에 알려주십시오. (전화: 02-739-6328, 02-725-3408)

◦ 회원에게는 〈고요한소리〉에서 출간하는 도서를 보내드리고, 법회나
  모임·행사 등 활동 소식을 전해드립니다.

◦ 회비, 후원금, 책값 등을 보내실 계좌는 아래와 같습니다.

국민은행	006-01-0689-346
우리은행	004-007718-01-001
농협	032-01-175056
우체국	010579-01-002831
예금주	**(사)고요한소리**

―― 마음을 맑게 하는 〈고요한소리〉 도서

금구의 말씀 시리즈

소리 시리즈

법륜 시리즈

보리수잎 시리즈

붓다의 고귀한 길 따라 시리즈

하나	불법의 대들보, 마음챙김 *sati*

단행본

하나	붓다의 말씀

소리 · 스물둘

윤회고輪廻苦를 벗는 길

- 어느 49재 법문 -

초판 1쇄 발행 2020년 8월 10일
초판 2쇄 발행 2022년 4월 8일

말한이	활성
엮은이	김용호
펴낸이	하주락·변영섭
펴낸곳	(사)고요한소리
제작	도서출판 씨아이알 02-2275-8603

등록번호	제1-879호 1989. 2. 18.
주소	서울시 종로구 인사동길 47-5 (우 03145)
연락처	전화 02-739-6328 팩스 02-723-9804
	부산지부 051-513-6650 대구지부 053-755-6035
	대전지부 042-488-1689
홈페이지	www.calmvoice.org
이메일	calmvs@hanmail.net
ISBN	978-89-85186-32-2 02220

값 1,000원